Bührer, Sandwich & Co.

ISBN 3-275-01165-0

Fotos von König & König, Fotoatelier, CH-8032 Zürich

Satz: Franz X. Stückle, Druck und Verlag, D-77955 Ettenheim
Druck: Marcel Kürzi, CH-8840 Einsiedeln
Gedruckt auf Versailles Perigord matt chlorfrei ECF
Bindung: Benziger AG, CH-8840 Einsiedeln
Printed in Switzerland

Peter Bührer

Sandwich & Co.

Müller Rüschlikon

Inhaltsverzeichnis

Laugenbrezel-sandwich mit Fleischkäse (Rezept siehe Seite 40)

BRIOCHE-BRÖTCHEN MIT ENTE UND APRIKOSENBUTTER (REZEPT SIEHE SEITE 30)

EINLEITUNG

Sandwichs sind „in", ganz besonders bei jungen Leuten, und Sandwich-Shops schießen wie Pilze aus dem Boden. Zwischen zwei Brothälften werden die verschiedensten Kombinationen von Zutaten gepackt.
Erfinder des Sandwichs soll John Montague, der vierte Earl of Sandwich und Erster Lord der britischen Admiralität gewesen sein. Er war nicht nur ein begeisterter Seefahrer, sondern auch ein leidenschaftlicher Kartenspieler, der oft 24 Stunden hintereinander mit Freunden pokerte. Um das Spiel nicht zu unterbrechen, um die Karten nicht aus der Hand legen zu müssen, klappte er belegte Brote einfach zusammen. Auf diese Weise ließen sie sich so säuberlich essen, daß die Hände nicht schmutzig wurden und die Spielkarten keine Fettflecken abbekamen.
Daß heute der Begriff Sandwich nicht nur für „Doppeldecker", sondern auch für einfache belegte Brote verwendet wird, bestätigt der Duden mit der Erklärung „mit Käse, Schinken o. ä. belegte Weißbrotschnitten".
Unsere Kreativität ging über Käse, Schinken und Weißbrotschnitten hinaus, und wir fanden viele neue und aparte Kombinationen, die Ihnen beim Zubereiten – und beim Essen – sicher viel Spaß machen.
Die landläufigen Sandwich-Rezepte geben meist nur das an, was man zwischen die Brotscheiben legt. Vielleicht wird zudem noch eine dünne Schicht Butter empfohlen.
Wir fanden, daß man mit verschiedenen Brotaufstrichen, Buttermischungen und Füllungen den Sandwichs eine ganz besondere Note geben kann. So schmeckt ein Sandwich mit Lyoner Wurst viel rassiger, wenn die Brotscheiben mit Senfbutter bestrichen werden. Oder versuchen Sie die Kombination von Rauchlachs und Schnittlauch-Frischkäse. Oder, oder …
Wir haben viele Rezepte für Sie zusammengetragen. Lassen Sie sich verleiten, die verschiedenen Brotsorten, Füllungen und Aufstriche immer wieder anders zu kombinieren. Sie werden sehen: es macht Spaß, eigene, neuartige Sandwichs zu kreieren.
Noch mehr: Wir schlagen Ihnen vor, die feinen Sandwichs auch als schnelle, leichte, aber doch vollwertige Hauptmahlzeit zu servieren. Unsere Salate, die besonders gut zu den Sandwichs passen, ermöglichen Ihnen dies ohne großen Aufwand. Der Erfolg wird Ihnen sicher sein!

Peter Bührer

Laugen-Croissant mit Schinkenmousse

Das Croissant aufschneiden und beide Seiten mit der Schinkenmousse bestreichen. Den Deckel auf den Boden setzen und leicht andrücken.

1 Laugen-Croissant
30 g Schinkenmousse
(Rezept siehe Seite 75)

Laugen-Croissant mit Fleischkäse und Senfbutter

Das Croissant aufschneiden, den Boden mit der Senfbutter bestreichen und den Fleischkäse darauf anrichten. Den Deckel aufsetzen und leicht andrücken.

1 Laugen-Croissant
10 g süße Senfbutter
(Rezept siehe Seite 63)
40 g Fleischkäse aus dem Holzofen, dünn aufgeschnitten

Vollkorn-Croissant mit Räucherlachs

Das Croissant aufschneiden. Beide Schnittseiten mit Schnittlauch-Frischkäse bestreichen und den Räucherlachs auf den Boden legen. Den Deckel aufsetzen und leicht andrücken.

1 Vollkorn-Croissant
20 g Schnittlauch-Frischkäse (Rezept siehe Seite 68)
35 g Räucherlachs in Scheiben

Nußbrötchen mit Frischkäse und Greyerzer Käse

Das Nußbrötchen halbieren und beide Seiten mit dem Frischkäse bestreichen. Den Greyerzer Käse auf den Boden legen, den Deckel darauf und leicht andrücken.

1 Nußbrötchen mit Sonnenblumenkernen
10 g Frischkäse
25 g rezenter Greyerzer Käse, in dünne Scheiben geschnitten

VOLLKORN-CROISSANT MIT RÄUCHERLACHS

Brioche mit Schwarzwälder Schinken

Die Brioche aufschneiden und beide Seiten mit der Preiselbeerbutter bestreichen. Das Salatblatt auf den Briocheboden legen und den Schinken darauf. Den Deckel aufsetzen und leicht andrücken.

1 Brioche
10 g Preiselbeerbutter
(Rezept siehe Seite 64)
1 Blatt Eisbergsalat
30 g Schwarzwälder Schinken, dünn aufgeschnitten

Laugen-Croissant mit Schnittlauch-Frischkäse

Das Croissant aufschneiden und die Schnittlauch-Frischkäsemousse auf dem Boden des Croissant ausstreichen. Den Deckel aufsetzen und leicht andrücken.

1 Laugen-Croissant
30 g Schnittlauch-Frischkäsemousse
(Rezept siehe Seite 75)

Parisette-Sandwich mit Frischkäse, Gurke und Radieschen

Das Brötchen aufschneiden und auf beiden Seiten mit dem Schnittlauch-Frischkäse bestreichen. Das Salatblatt auf den Boden legen. Die Gurke und das Radieschen auf dem Brötchenboden auslegen. Mit Salz und Pfeffer würzen. Den Deckel aufsetzen und leicht andrücken.

1 Parisette-Brötchen (längliches Weißbrötchen)
20 g Schnittlauch-Frischkäse
(Rezept siehe Seite 68)
4 Scheiben Salatgurke
1 Radieschen, in Scheiben
1 Blatt Eisbergsalat
rosa Pfeffer aus der Mühle
Meersalz aus der Mühle

Sonnenblumenbrot-Sandwich mit Hirsch-Bündnerfleisch

Das Brötchen halbieren. Beide Schnittseiten mit der Preiselbeerbutter bestreichen. Den Boden mit dem Eisbergsalatblatt belegen, das Bündnerfleisch darauflegen und den Deckel aufsetzen, leicht andrücken.

1 Brötchen mit Sonnenblumenkernen
10 g Preiselbeerbutter
(Rezept siehe Seite 64)
1 Blatt Eisbergsalat
20 g Hirsch-Bündnerfleisch, dünn aufgeschnitten

Parisette-Sandwich mit Tomaten-Mozzarella

Das Brötchen aufschneiden und beide Seiten mit der Butter bestreichen. Das Salatblatt auf den Boden legen. Die Tomaten und den Mozzarella in Scheiben schneiden und auf das Salatblatt anrichten. Das Basilikum in feinste Streifen schneiden und über die Tomaten streuen. Mit Pfeffer würzen. Den Deckel aufsetzen und leicht andrücken.

1 Parisette-Brötchen (längliches Brötchen)
15 g Olivenbutter
(Rezept siehe Seite 59)
1 Blatt Eisbergsalat
1 kleineTomate
10 g Mozzarella
3 Blätter Basilikum
schwarzer Pfeffer aus der Mühle

Vitello Tonnato-Sandwich

Das Brötchen aufschneiden und beide Seiten mit der Thunfischbutter bestreichen. Den Boden mit dem Salat und dem Kalbsbraten belegen. Zwiebelringe und Kapern daraufgeben, den Deckel aufsetzen und leicht andrücken.

1 Brötchen mit Oliven
20 g Thunfischbutter
(Rezept siehe Seite 58)
30 g Kalbsbraten, dünn aufgeschnitten
1 Blatt Eisbergsalat
einige rote Zwiebelringe
2 Kapern

Nußbrötchen mit Pommery-Butter, Artischocken und Majoran

Das Nußbrötchen aufschneiden, beide Seiten mit der Senfbutter bestreichen und das Salatblatt auf dem Boden auslegen. Die Artischockenherzen und den Feta auf den Brötchenboden legen, mit Majoran und Pfeffer würzen. Den Deckel aufsetzen und leicht andrücken.

1 Nußbrötchen
15 g Pommery-Senfbutter
(Rezept siehe Seite 62)
1 Blatt Eisbergsalat
3 Artischockenherzen, gekocht, halbiert
$^1/_2$ TL Majoran, fein gehackt
25 g Feta Käse, in Scheiben geschnitten
Pfeffer aus der Mühle

Ruchbrötchen mit Tomaten-Himbeerbutter und Kalbsbraten

Das Brötchen aufschneiden und auf beiden Seiten die Himbeerbutter ausstreichen. Die Kresse auf dem Boden auslegen und den Kalbsbraten darauf verteilen. Mit etwas Salz und Pfeffer würzen. Den Deckel aufsetzen und leicht andrücken.

1 Ruchbrötchen
(Brötchen aus Ruchmehl)
15 g Tomaten-Himbeerbutter
(Rezept siehe Seite 64)
30 g Kalbsbraten, dünn aufgeschnitten
Gartenkresse

Sandwich mit Lammbraten und Ratatouillebutter

Das Weißbrötchen aufschneiden und beide Seiten mit der Butter bestreichen. Den Boden mit dem Salatblatt und dem dünn aufgeschnittenen Lammfleisch belegen. Mit wenig Salz und schwarzem Pfeffer würzen. Die Olive in Scheiben schneiden und auf das Fleisch legen. Den Deckel aufsetzen und leicht andrücken.

1 Weißbrötchen
15 g Ratatouillebutter
(Rezept siehe Seite 67)
1 Blatt Eisbergsalat
30 g Lammbraten
Salz, schwarzer Pfeffer aus der Mühle
1 schwarze Olive, entsteint

Sandwich mit Remoulade und Roastbeef

Das Basilikum in feine Streifen schneiden und unter die Remouladensauce mischen. Das Brötchen aufschneiden, den Boden mit etwas Sauce bestreichen und den Salat darauflegen. Abwechslungsweise Roastbeef, Gurken- und Eischeiben und Remouladensauce darauf anrichten. Dazwischen jeweils mit etwas Salz und Pfeffer würzen. Den Deckel aufsetzen und leicht andrücken.

1 weiches Ciabata-Brötchen (mit Olivenöl zubereitet)
3 EL Remouladensauce (Rezept siehe Seite 80)
1/4 Salatgurke
60 g Roastbeef, in dünnen Tranchen
1 Ei, hart gekocht
4 Blätter Basilikum
2 Blätter Eisbergsalat
Salz, schwarzer Pfeffer aus der Mühle

Italienisches Käse-Sandwich

Die Toastbrotscheibe mit der Butter bestreichen und den Salat darauflegen. Den Käse, in Scheiben geschnitten, darauf anrichten. Mit der Olive, der Tomate und der Petersilie garnieren.

1 Vollkorn-Toastbrotscheibe
15 g Olivenbutter
(Rezept siehe Seite 59)
1 Blatt Eisbergsalat
15 g Pecorino Käse
10 g Taleggio Käse
10 g Gorgonzola Käse
1 grüne, gefüllte Olive
1 Kirschtomate
1 Zweig glatte Petersilie

Brioche-Sandwich mit Räucherlachsmousse

Das Brötchen aufschneiden und den Boden mit der Meerrettichbutter bestreichen. Die Kresse darauflegen und die Räucherlachsmousse darauf verteilen. Den Brötchendeckel daraufsetzen und leicht andrücken.

1 Brioche-Brötchen
50 g Räucherlachsmousse
5 g Meerrettichbutter
wenig Gartenkresse

Baguette-Sandwich mit Tomatenbutter und Artischocken (für 2-3 Personen)

Das Brot aufschneiden. Beide Hälften mit der Tomatenbutter bestreichen, die Salatblätter auf dem Brotboden auslegen. Die Artischockenherzen halbieren, die Avocado schälen und in feine Streifen schneiden. Artischocken und Avocado auf dem Boden verteilen, mit dem Majoran bestreuen und mit Salz und Pfeffer würzen. Den Brotdeckel daraufsetzen und leicht andrücken.
Nach Belieben schräg in ca. 3-4 cm breite, kleine mundgerechte Sandwichs schneiden.

1 Baguette-Brot
80 g Tomatenbutter
(Rezept siehe Seite 60)
120 g Artischockenherzen
1 Avocado
1 EL Majoran, fein gehackt
5 Blätter Eisbergsalat
Salz, schwarzer Pfeffer aus der Mühle

Olivenbrot-Sandwich mit Spicy Maissalat

Die Brotscheibe mit der Tomatenbutter bestreichen und mit dem Salatblatt belegen. Den Maissalat darauf verteilen und mit dem Maiskolben und den halbierten Kirschtomaten garnieren.

1 Scheibe Oliventoastbrot
10 g Tomatenbutter
(Rezept siehe Seite 60)
1 Blatt Eisbergsalat
4 EL Spicy Maissalat
(Rezept siehe Seite 70)
1 Kirschtomate
1 Baby-Maiskolben

Sandwich mit Rohschinken und Papaya

Das Brötchen aufschneiden und beide Seiten mit dem Frischkäse bestreichen. Das Salatblatt und den Rohschinken auf den Boden legen und Papaya und Ruccola darauf verteilen. Den Deckel aufsetzen und leicht andrücken.

1 Vollkornbrötchen mit Sonnenblumenkernen
25 g Frischkäse
1 Blatt Schnittsalat
einige Blätter Ruccola-Salat
40 g Rohschinken, dünn aufgeschnitten
1 Scheibe Papaya, ohne Schale

Baguette-Sandwich mit Saftschinken und Bananenchutney (für 2-3 Personen)

Die Baguette aufschneiden und beide Seiten mit dem Bananenchutney bestreichen. Die Salatblätter auf dem Boden auslegen und den Saftschinken darauf verteilen. Den Deckel aufsetzen, leicht andrücken und das Brötchen schräg in 3–4 cm große, mundgerechte Portionen schneiden.

1 Sesam-Weißbrot-Baguette
80 g Sesam-Bananenchutney
(Rezept siehe Seite 84)
5 Blätter Eisbergsalat
150 g Saftschinken, dünn aufgeschnitten

Baguette mit Rindfleischtatar

(für 2-3 Personen)

Die Baguette aufschneiden und beide Seiten mit der Butter bestreichen. Die Salatblätter auf dem Boden auslegen und das Tatar darauf verteilen. Den Deckel aufsetzen und leicht andrücken. Die Baguette schräg in ca. 3–4 cm breite, mundgerechte Stücke schneiden.

1 Weißbrot-Baguette
50 g Butter
150 g Rindfleischtatar
(Rezept siehe Seite 74)
4 Blätter Eisbergsalat
1 kleine Zwiebel

Parisette-Sandwich mit Frischkäse und Räucherlachs

Das Brötchen aufschneiden und beide Seiten mit dem Schnittlauch-Frischkäse bestreichen. Den Räucherlachs in Streifen schneiden und auf den Boden legen. Mit dem Dillzweig garnieren. Den Deckel aufsetzen und leicht andrücken.

1 Parisette Weißbrot
25 g Schnittlauch-Frischkäse (Rezept siehe Seite 68)
40 g Räucherlachs
1 Zweig Dill

Sandwich mit Perlhuhnbrust und Kabissalat

Die Perlhuhnbrust mit Salz und Pfeffer würzen und im Olivenöl zusammen mit dem Rosmarinzweig auf beiden Seiten braten.
Die Toastbrotscheibe mit der Basilikumbutter bestreichen und den Kabissalat darauf anrichten. Die Perlhuhnbrust schräg in Streifen schneiden und auf dem Salat verteilen. Die Speckscheibe im eigenen Fett kroß braten. Das Brot mit der Gurke, dem Speck und der Tomate garnieren.

1 Scheibe Vollkorn-Toastbrot
1 Perlhuhnbrust, mit Haut und Flügelknochen
Salz, Pfeffer aus der Mühle
2 EL Olivenöl
1 Zweig Rosmarin

10 g Basilikumbutter (Rezept siehe Seite 67)
4 EL Kabissalat (Rezept siehe Seite 70)
1 Scheibe Gurke
$1/2$ Kirschtomate
1 Scheibe Speck

Croissant mit Quark-Nußfüllung

Das Croissant aufschneiden und die Quarkmasse auf dem Croissantboden ausstreichen. Den Deckel aufsetzen und leicht andrücken.

1 Butter-Croissant
30 g Quark-Nußfüllung
(Rezept siehe Seite 78)

Flûte-Sandwich mit Rohschinken, Roquefort und karamelisierten Birnen

Das Flûte aufschneiden und beide Seiten mit der Butter bestreichen. Den Boden mit dem Salat belegen und den Rohschinken darauf verteilen. Den Roquefortkäse leicht zerbröckeln und zusammen mit Birnenschnitzen auf den Rohschinken legen. Den Brötchendeckel daraufsetzen und leicht andrücken.

1 Ruchbrot-Flûte
15 g Butter
30 g Rohschinken, in dünnen Tranchen
20 g Roquefortkäse
4 karamelisierte Birnenschnitze
(Rezept siehe Seite 78)
2 Blätter Eisbergsalat

Flûte-Sandwich mit Rohschinken, Roquefort und karamelisierten Birnen

Brioche-Brötchen mit Ente und Aprikosenbutter

Die Entenbrust in schräge Streifen schneiden. Das Brötchen aufschneiden, den Boden mit der Aprikosenbutter bestreichen. Mit Kressesalat und der Ente belegen und den Deckel auflegen, leicht andrücken.

1 Brioche-Brötchen
25 g Aprikosenbutter
(Rezept siehe Seite 56)
½ asiatische Entenbrust, dünn aufgeschnitten
(Rezept siehe Seite 76)
10 g Gartenkresse

Sesambrötchen mit Chili-Orangen-Mayonnaise und Truthahnschinken

Das Brötchen halbieren und auf beiden Seiten mit der Mayonnaise bestreichen. Den Boden mit dem Salat belegen und den Schinken darauf verteilen. Den Maiskolben und den Deckel darauflegen und leicht andrücken.

1 weißes Brötchen mit Sesam
2 EL Chili-Orangen-Mayonnaise (Rezept siehe Seite 82)
2 Blätter Eisbergsalat
40 g Truthahnschinken, dünn aufgeschnitten
1 Baby-Maiskolben, halbiert

Hot-Dog-Sandwich mit Chili

Die Wurst erwärmen. Das Brötchen quer einschneiden, jedoch nicht halbieren. Den Salat, die Chili-Sauce und die Wurst hineinlegen. Leicht andrücken.
Das Hot-Dog-Sandwich kann auch kalt gegessen werden.

1 langes weißes Brötchen
2 Blätter Eisbergsalat
1 Schweinsbratwurst, gekocht
3 EL Chili-Sauce
(Rezept siehe Seite 79)

Käse-Sandwich mit Nußbutter

Das Brötchen aufschneiden und den Boden mit der Nußbutter, den Deckel mit dem Frischkäse bestreichen.
Die beiden Käse in dünne Scheiben schneiden und auf dem Brötchenboden verteilen. Den Deckel aufsetzen und leicht andrücken.

1 weißes Brötchen
10 g Frischkäse
15 g Nußbutter (Rezept siehe Seite 58)
20 g Brie Käse
20 g Greyerzer Käse

Vollkorn-Sandwich mit Pestobutter und grilliertem Gemüse (für 4 Sandwichs)

Die Paprika halbieren, entkernen und in breite Streifen, die Zucchini und Aubergine in Scheiben schneiden. Das Gemüse im Olivenöl wenden und auf der Grillpfanne grillieren. Mit Salz und Pfeffer würzen.
Die Brötchen aufschneiden und beide Seiten mit der Pestobutter bestreichen. Die Paprikastreifen und die Gemüsescheiben darauf verteilen. Den Feta Käse zwischen das Gemüse legen. Den Brötchendeckel daraufsetzen und leicht andrücken.

4 Vollkornbrötchen
1 kleine Zucchini
1 kleine Aubergine
1 gelbe Paprika (Peperoni)
1 rote Paprika (Peperoni)
100 ml Olivenöl
Salz, schwarzer Pfeffer aus der Mühle
50 g Feta Käse, in Scheiben geschnitten
40 g Pestobutter
(Rezept siehe Seite 60)
4 Blätter Lollo-Salat
4 Blätter Schnittsalat

Ruchbrot-Sandwich mit Salami, Mortadella und Oliven

Das Brötchen aufschneiden und beide Seiten mit der Butter bestreichen. Den Salat auf dem Boden verteilen, Salami und Mortadella darauf anrichten. Das Artischockenherz halbieren, die Olive in Scheiben schneiden und zwischen die Wurst legen. Den Brötchendeckel daraufsetzen und leicht andrücken.

1 Ruchbrötchen (Bürli, dunkles rundes Brötchen)
20 g Olivenbutter
(Rezept siehe Seite 59)
2 Blätter Eisbergsalat
1 Artischockenherz
1 schwarze Olive ohne Stein
2 Scheiben Mortadella
4 Scheiben Salami

Tomaten-Sandwich mit Oliven und Pecorino

Die Brotscheibe toasten. Mit der Pestobutter bestreichen und das Salatblatt darauf legen. Die Tomaten in Scheiben schneiden und dachziegelartig auf den Salat anrichten. Die Käsescheiben zwischen die Tomatenscheiben schieben, mit dem Majoran und Oliven bestreuen. Mit Salz und Pfeffer würzen.

1 Scheibe Toastbrot
10 g Pestobutter
(Rezept siehe Seite 60)
2 kleine, reife Tomaten
Salz, schwarzer Pfeffer aus der Mühle
1 Blatt Eisbergsalat
1 schwarze Olive, entsteint und gehackt
15 g Pecorino Käse, in Scheiben geschnitten
$^1/_2$ TL Majoran, fein gehackt

Thanksgiving-Sandwich mit Truthahn und Kürbis

Das Brötchen aufschneiden und beide Seiten mit der Senfbutter bestreichen. Den Boden mit dem Salatblatt belegen. Den Schinken darauf verteilen, die Kürbisstücke und die Zwiebelscheiben darauflegen. Den Deckel aufsetzen und leicht andrücken.

1 Ruchbrötchen
15 g Senfbutter
(Rezept siehe Seite 63)
1 Blatt Eisbergsalat
40 g Truthahnschinken, dünn aufgeschnitten
1 kleine rote Zwiebel, in feine Ringe schneiden
30 g Kürbis, aus dem Glas

Ruchbrot-Baguette mit Nußbutter, Rohschinken und Landjäger (für 2-3 Personen)

Das Brot aufschneiden und beide Seiten mit der Nußbutter bestreichen. Den Boden mit den Salatblättern auslegen und den Rohschinken darauf anrichten. Den Landjäger schälen, längs in dünne Tranchen schneiden und auf den Rohschinken legen. Den Deckel aufsetzen und leicht andrücken.
Das fertige Brot nach Belieben schräg in ca. 3-4 cm breite, mundgerechte Portionen schneiden.

1 Ruchbrot-Baguette
80 g Nußbutter
(Rezept siehe Seite 58)
100 g Rohschinken, in dünnen Tranchen
2 Landjäger
5 Blätter Eisbergsalat

Knoblauch-Sandwich mit Limonen-Pfefferminzsauce und Riesencrevetten

Die Brotscheibe toasten und mit Knoblauchbutter bestreichen. Mit der Limonen-Pfefferminzsauce bestreichen und den Salat darauf auslegen. Die Riesencrevetten halbieren und im Olivenöl anbraten. Mit Salz und Pfeffer würzen und auf dem Salat verteilen. Mit den Kirschtomatenhälften, der Olive und dem Dillzweig garnieren.

1 Scheibe Toastbrot
5 g Knoblauchbutter
2 EL Limonen-Pfefferminzsauce (Rezept siehe Seite 80)
1 Blatt Eisbergsalat
3 Riesencrevetten, ohne Schale
2 EL Olivenöl
Salz, Pfeffer aus der Mühle
1 Kirschtomate
1 grüne, gefüllte Olive
1 Zweig Dill

Kalbsbraten-Sandwich mit Zwiebelaufstrich

Das Brötchen aufschneiden und beide Seiten mit dem Zwiebelaufstrich bestreichen. Den Boden mit dem Salatblatt belegen und den Kalbsbraten darauf verteilen. Die Gurkenscheibe und den Deckel darauflegen, leicht andrücken.

1 Brötchen mit Sonnenblumenkernen
25 g Zwiebelaufstrich (Rezept siehe Seite 68)
1 Blatt Eisbergsalat
1 Scheibe Salatgurke
50 g Kalbsbraten, dünn aufgeschnitten

Laugen-Croissant mit Brie und Preiselbeerbutter

Das Croissant aufschneiden und beide Seiten mit der Preiselbeerbutter bestreichen. Den Käse in Scheiben schneiden und auf dem Boden verteilen. Die Nuß grob hacken und auf den Käse streuen. Den Deckel auflegen und leicht andrücken.

1 Laugen-Croissant
20 g Preiselbeerbutter (Rezept siehe Seite 64)
30 g Brie de Meaux
1 Baumnuß

Roastbeef-Baguette mit Kresse und Meerrettich

(für 2-3 Portionen)

Das Brot aufschneiden und beide Seiten mit der Meerrettichbutter bestreichen. Die Kresse auf dem Boden verteilen und das Roastbeef darauflegen. Mit Salz und Pfeffer würzen. Die Eier in Scheiben schneiden und auf dem Roastbeef verteilen. Den Deckel auflegen und leicht andrücken.
Nach Belieben das Baguette-Sandwich schräg in ca. 3–4 cm breite mundgerechte Stücke schneiden.

1 Vollkorn-Baguette
80 g Meerrettichbutter (Rezept siehe Seite 62)
150 g Roastbeef, in dünne Scheiben geschnitten
Salz, schwarzer Pfeffer aus der Mühle
20 g Gartenkresse
2 Eier, hart gekocht

Bürli-Sandwich mit Mostbröckli

Das Brötchen aufschneiden und beide Seiten mit der Senfbutter bestreichen. Das Salatblatt und das Fleisch darauf legen. Mit einer Eischeibe garnieren, den Deckel auflegen und leicht andrücken.

1 Bürli (weißes Brötchen)
10 g Senfbutter (Rezept siehe Seite 62)
1 Blatt Eisbergsalat
40 g Mostbröckli, in dünne Scheiben geschnitten (geräuchertes, getrocknetes Rindfleisch)
1 Eischeibe

Laugenbrezel-Sandwich mit Fleischkäse, Senfbutter und Rettich

Die Brezel aufschneiden und beide Seiten mit der Senfbutter bestreichen. Den Boden mit dem Schnittsalat und dem Fleischkäse belegen. Den Rettich darüberstreuen, den Deckel aufsetzen und leicht andrücken.

1 Laugenbrezel
15 g Senfbutter (Rezept siehe Seite 62)
1 Blatt Schnittsalat
40 g Fleischkäse (Leberkäse), dünn aufgeschnitten
20 g weißer Rettich, mit der Röstiraffel gerieben

Bruschetta-Sandwich mit Parmaschinken und Feigen (4 Openface-Sandwichs)

Das Bruschetta-Brot mit dem Olivenöl bestreichen und im Ofen toasten. Etwas erkalten lassen und die Olivenbutter aufstreichen. Den Parmaschinken darauf verteilen und mit den in Spalten geschnittenen Feigen garnieren.

4 Scheiben Bruschetta-Brot
4 TL Olivenöl
40 g Olivenbutter (Rezept siehe Seite 59)
120 g Parmaschinken, in dünne Scheiben
2 frische Feigen

BRUSCHETTA-SANDWICH MIT PARMASCHINKEN UND FEIGEN

Bagel-Sandwich mit Pastrami und Cole Slaw

Den Bagel quer aufschneiden und beide Seiten mit der Butter bestreichen. Den Cole Slaw darauf verteilen und die Pastrami darauf anrichten. Den Deckel aufsetzen und leicht andrücken.

1 Bagel (Ringbrot)
10 g Butter
3 EL Cole Slaw (amerikanischer Kabissalat)
(Rezept siehe Seite 71)
50 g Pastrami-Fleisch, dünn aufgeschnitten

Süßes Sandwich mit Apfelfüllung

Für die Füllung den Apfel schälen, das Kerngehäuse entfernen und den Apfel in kleine Stücke schneiden, diese in der Butter andünsten, Rosinen und die Nüsse beigeben. Die Crème double und den Vanillezucker beigeben und aufkochen. Erkalten lassen.
Die Brioche halbieren und die Apfelfüllung auf dem Briocheboden verteilen. Den Deckel aufsetzen und leicht andrücken. Die geschlagene Sahne mit den Mohnsamen mischen und zum Sandwich servieren. Mit dem Pfefferminzherz garnieren.

1 Brioche-Brötchen
1 kleiner Apfel
10 g Butter
1 EL Rosinen
2 Baumnüsse, gehackt
3 EL Doppelrahm
(Crème double, dicke Sahne)
1 TL Vanillezucker

$^{1}/_{4}$ TL Mohnsamen
2 EL Sahne, geschlagen (Rahm)
1 Pfefferminzherz
Puderzucker zum Bestäuben

Spanisches Tapawich-Sandwich mit Serrano-Schinken und Gambas (für 4 Sandwichs)

Die Paprika halbieren, entkernen und in kleine Würfelchen schneiden. Die Gambas mit Salz würzen und im heißen Olivenöl braten. Mit etwas Weißwein ablöschen und das Basilikum beigeben, auf kleinem Feuer zwei Minuten garziehen lassen.
Die Brotscheiben mit Olivenöl bestreichen, im Ofen toasten. Den Salat auf die Brotscheiben legen, den Schinken daraufsetzen und mit den gebratenen Gambas, den Paprikawürfelchen, den Tomaten und den Käsescheiben garnieren.

4 Scheiben Vollkorn-Toastbrotscheiben
4 EL Olivenöl
8 Scheiben Serranoschinken
1 kleine grüne Paprika (Peperoni)
1 kleine rote Paprika (Peperoni)
12 Gambas/Riesencrevetten ohne Schale
Salz
3 EL Olivenöl
1/2 Bund Basilikum, in feine Streifen geschnitten
4 Blätter Schnittsalat
3 Kirschtomaten, geviertelt
70 g Bergkäse

Bruschetta-Sandwich mit marinierten Artischocken

Die Brotscheiben toasten. Die Artischockenherzen halbieren und mit dem Olivenöl, dem Saft der Limone und den Kräutern gut mischen. Den Käse in kleine Würfel schneiden, zu den Artischocken geben und mit Salz und schwarzem Pfeffer aus der Mühle würzen. Die Salatblätter auf die Brotscheiben legen und die marinierten Artischocken darauf verteilen.

2 Scheiben Bruschetta-Brot
6–8 Artischockenherzen
4 EL Olivenöl
1 Limone
1 Zweig Majoran, fein gehackt
1 Zweig glatte Petersilie, fein gehackt
60 g Feta Käse
Salz, schwarzer Pfeffer aus der Mühle
2 Blätter weißer Endiviensalat

Grilliertes Geflügel-Sandwich mit Cheddar

Die Brotscheiben mit Butter bestreichen. Den Salat in Streifen schneiden, Mayonnaise beigeben und gut vermengen. Die Poulardenbrust in Streifen schneiden. Den Salat abwechslungsweise mit dem Käse, dem Geflügel und der Tomate auf zwei Brotscheiben anrichten. Die belegten Brote aufeinanderlegen, mit der verbliebenen Brotscheibe bedecken und leicht andrücken. Das Sandwich im Ofen auf beiden Seiten toasten. Halbieren und zusammen mit einem Salat servieren.

3 Toastbrotscheiben
20 g Butter
3 Blätter Eisbergsalat
1 EL Mayonnaise
40 g Cheddar Käse in Scheiben
2 Tomatenscheiben
1 Poulardenbrust, gekocht

Sandwich mit Brokkoli, Kresse und Frischkäse

Das Brötchen aufschneiden und beide Seiten mit dem Schnittlauch-Frischkäse bestreichen. Die Kresse und die kleingeschnittenen Brokkoliröschen auf den Boden legen. Mit Pfeffer würzen, den Deckel aufsetzen und leicht andrücken.

1 Parisette-Brötchen
15 g Schnittlauch-Frischkäse
(Rezept siehe Seite 68)
30 g Brokkoliröschen, gekocht
und gewürzt
1 Handvoll Gartenkresse
Pfeffer aus der Mühle

Sandwich mit Hobelkäse und Camembert

Die Brotscheiben mit der Nußbutter bestreichen und die beiden Käsesorten darauf verteilen. Die Brotscheiben aufeinander legen und leicht andrücken. Mit den Kirschtomatenhälften, dem Hobelkäse und dem Cornichon garnieren.

3 Scheiben Brot mit Sonnenblumenkernen
15 g Nußbutter
(Rezept siehe Seite 58)
20 g Hobelkäse
20 g Camembert
1 Kirschtomate
1 kleines Cornichon

Hamburger-Sandwich mit Ketchup und Senf

Das Brötchen aufschneiden und den Boden mit der Pommery-Senfbutter, den Deckel mit dem Ketchup bestreichen. Das Salatblatt, den Burger und die Zwiebelringe auf den Boden legen. Den Deckel aufsetzen und leicht andrücken.

1 weißes Brötchen
10 g Pommery-Senfbutter
(Rezept siehe Seite 62)
1 EL Tomaten-Ketchup
1 Blatt Eisbergsalat
1 Rindfleischburger (Rezept siehe Seite 72)
2 rote Zwiebelringe

Pitta-Brot-Sandwich

(für 2 Sandwichs)

Das obere Drittel der Pitta-Brote abschneiden und das Salatblatt in die Öffnung legen. Für die Füllung die Paprika, die Salatgurke, die Maiskolben und die Oliven in kleine Würfel schneiden und mit der Tacosauce gut mischen. Mit Salz und Pfeffer pikant würzen. Die Füllung in die Brote einfüllen.

2 Pitta-Brote
2 Blätter Schnittsalat
2 Baby-Maiskolben
$^{1}/_{2}$ grüne Paprika
$^{1}/_{2}$ gelbe Paprika
4 grüne Oliven, entsteint
$^{1}/_{4}$ Salatgurke
4 EL Tacosauce
Salz, schwarzer Pfeffer aus der Mühle

Sesam-Bagel-Sandwich mit Truthahnschinken

Den Bagel aufschneiden und beide Seiten mit der Pfefferbutter bestreichen. Das Salatblatt und den Truthahnschinken auf den Boden legen und mit den Zwiebelringen und dem Maiskolben garnieren. Den Deckel aufsetzen und leicht andrücken. (Unser Titelbild)

1 Sesam-Bagel
15 g Pfefferbutter
1 Blatt Endiviensalat
40 g Truthahnschinken
2 rote Zwiebelringe
1 Baby-Maiskolben

PITTA-BROT-SANDWICH

Vollkorn-Sandwich mit Gurke, Avocado und Tomate

Das Vollkornbrötchen aufschneiden und beide Seiten mit der Tomatenbutter bestreichen. Das Salatblatt auf den Boden legen und die Gurkenscheiben, Tomatenscheiben und den Avocadoschnitz darauf verteilen. Das Radieschen in Scheiben schneiden und zusammen mit der Petersilie auf das Gemüse legen. Den Deckel aufsetzen und leicht andrücken.

1 Vollkornbrötchen
15 g Tomatenbutter
(Rezept siehe Seite 60)
1 Blatt Radicchio
1 Avocadoschnitz
5 Gurkenscheiben
2 Tomatenscheiben
1 Radieschen
2 Zweige krause Petersilie

Pumpernickel-Sandwich mit Siedfleisch

(für 4 Sandwichs)

Acht Pumpernickel mit Butter bestreichen, mit den Salatblättern und abwechslungsweise mit Schinken, Käse und Siedfleisch belegen. Zuletzt die Bohnen, alle in einer Richtung, darauf verteilen. Nun alle 4 Lagen aufeinander türmen und leicht andrücken. Mit den letzten 4 Scheiben abdecken. Satt in ein Küchentuch packen und gut andrücken. Aus dem Tuch nehmen und die Sandwichs halbieren. Aufgeklappt servieren.

12 Scheiben Pumpernickel (ca. 8 x 5cm)
40 g Butter
12 Salatblätter
200 g Siedfleisch gekocht, dünn aufgeschnitten
120 g Beinschinken, dünn aufgeschnitten
100 g Tilsiter Käse, dünn aufgeschnitten
120 g kleine, feine grüne Bohnen, entfädelt und gekocht

Sauerteig-Sandwich mit Räucherlachs

Die Brotscheiben mit der Meerrettichbutter bestreichen. Den Räucherlachs darauf verteilen und die Brotscheiben aufeinander legen. Leicht andrücken und das Sandwich halbieren. Mit den Salatblättern und der Petersilie garnieren, mit der Honig-Dill-Mayonnaise servieren.

5 Scheiben Roggen-Sauerteigbrot
15 g Meerrettichbutter (Rezept siehe Seite 62)
80 g Räucherlachs
2 EL Honig-Dill-Mayonnaise (Rezept siehe Seite 83)
1 Blatt Eisbergsalat
1 Zweig glatte Petersilie
1 Blatt roter Zichoriensalat

Hummer-Sandwich

In das Brötchen von oben einen Keil einschneiden. Für die Füllung das Hummerfleisch in kleine Würfel schneiden und mit der Zitronenmayonnaise und den Maiskörnern mischen. Die Zwiebel schälen, in feine Ringe schneiden und die Hälfte der Zwiebelringe beigeben. Mit Salz und Pfeffer würzen.
Die Füllung zusammen mit den Salatblättern einfüllen. Den Speck knusprig braten. Das Brötchen damit und mit dem Radieschen, den restlichen Zwiebelringen und dem Dill garnieren.

1 kleine Weißbrotbaguette
120 g Hummerfleisch, gekocht
3 EL Zitronen-Mayonnaise (Rezept siehe Seite 83)
1 EL Maiskörner
1 kleine, rote Zwiebel
Salz, weißer Pfeffer aus der Mühle
einige Blätter Frisee-Salat
einige Blätter Radicchio-Salat
1 Speckscheibe
1 Radieschen, halbiert
1 Zweig Dill

Bruschetta-Sandwich mit Avocado, Tomaten und Artischocken

Die Scheiben toasten und mit der Olivenbutter bestreichen. Die Avocado schälen, in Spalten schneiden und zusammen mit der Kresse auf den Brotscheiben verteilen. Die Artischockenherzen halbieren, im kalten Olivenöl wenden und mit Salz und Pfeffer würzen. Die Artischocken und die Tomates concassées neben die Avocado anrichten.

4 Scheiben Bruschetta-Brot
40 g Olivenbutter
(Rezept siehe Seite 59)
1 Avocado
4 Artischockenherzen
2 EL Olivenöl
30 g Gartenkresse
4 EL Tomates concassées
(Rezept siehe Seite 72)
Salz, Pfeffer aus der Mühle

Österreich-Sandwich

Das Schnitzel gut klopfen und mit Salz und Pfeffer würzen. Das Fleisch im Mehl wenden, durch das Ei ziehen und im Paniermehl wenden und leicht andrücken. Das Schnitzel in der heißen Öl-Buttermischung goldgelb braten, gut abtropfen. Das Brötchen aufschneiden, beide Seiten mit der Zitronenmayonnaise bestreichen und den Boden mit dem Salatblatt belegen. Das Schnitzel und den Deckel daraufsetzen. Leicht andrücken und mit dem Zitronenschnitz servieren. Mit der Petersilie garnieren.

1 weißes Brötchen
1 Kalbsschnitzel, ca. 40 g
Salz, Pfeffer aus der Mühle
1 EL Mehl
1 Ei, verquirlt
4 EL Paniermehl
10 g Butter
2 EL Sonnenblumenöl

1 EL Zitronenmayonnaise
(Rezept siehe Seite 83)
1 Blatt Endiviensalat
1 Zitronenschnitz
1 Blatt glatte Petersilie

SANDWICH NACH ÖSTERREICHISCHER ART

Poularden-Tramezzini mit Pinien, Rosinen und Radicchio (für 3 Sandwichs)

Den Radicchio in feine Streifen schneiden und mit den Rosinen, den Pinienkernen und der Mayonnaise gut mischen. Mit Salz und Pfeffer würzen. Die Poulardenbrust in feine Streifen schneiden.
Die Hälfte der Toastbrotscheiben mit der Füllung bestreichen und das Fleisch darauflegen. Mit den restlichen Toastbrotscheiben decken. Die Brotränder abschneiden und die Sandwichs diagonal teilen.

6 Scheiben Weißbrottoast
50 g Radicchio
2 EL Mayonnaise
4 EL Pinienkerne
50 g Rosinen
1 Poulardenbrust, gekocht
Salz, schwarzer Pfeffer aus der Mühle
30 g Zitronenbutter
(Rezept siehe Seite 66)

Clubsandwich

Die Brotscheiben toasten. Den Salat in feine Streifen schneiden, mit der Mayonnaise mischen und gleichmäßig auf drei Brotscheiben verteilen. Die Poulardenbrust schräg in dünne Scheiben schneiden und diese mit einem Fleischklopfer noch dünner klopfen. Eier und Tomate ebenfalls in Scheiben schneiden. Fleisch und Gemüse gleichmäßig auf den drei Brotscheiben verteilen. Diese belegten Brote aufeinanderlegen, mit der vierten Scheibe bedecken und leicht gegeneinander drücken. Mit zwei Zahnstochern befestigen. Die Brotränder wegschneiden und das Sandwich halbieren. Den Speck knusprig braten und mit der halbierten Olive, den Spargelspitzen und der Paprika garnieren.

4 Scheiben Toastbrot
1 Poulardenbrust, gekocht
4 Blätter Eisbergsalat
3 EL Mayonnaise
12 Scheiben Salatgurke
2 Eier, hart gekocht
1 Tomate
1 Scheibe Speck
2 grüne Spargelspitzen
1 Stück in Öl eingelegte Paprika
1 schwarze Olive

Tramezzini mit getrockneten Tomaten, Parmaschinken und Mozzarella

Die Tomaten mit 3 Eßlöffel Olivenöl fein hacken. Die Paste auf zwei der Brotscheiben ausstreichen. Den Mozzarella in Scheiben schneiden und zusammen mit dem Parmaschinken auf die Brotscheiben verteilen. Die Brotscheiben aufeinanderlegen, leicht andrücken und die Ränder abschneiden. Das Tramezzini-Sandwich diagonal halbieren.

6 Scheiben weißes Toastbrot
100 g getrocknete Tomaten, in Olivenöl eingelegt
60 g Mozzarella
50 g Parmaschinken, in dünnen Scheiben

Saucisson-Sandwich mit Lauch

(für 2-3 Personen)

Das Brötchen aufschneiden, beide Seiten mit der Butter bestreichen und das Lauchgemüse auf dem Boden verteilen. Die Saucisson in feine Scheiben schneiden und dachziegelartig auf das Lauchgemüse legen. Den Deckel aufsetzen, leicht andrücken und das Sandwich schräg in ca. 3–4 cm breite, mundgerechte Stücke schneiden.

1 Baguette aus Weißbrot
250 g Lauchgemüse
(Rezept siehe Seite 71)
140 g Saucisson, gekocht
40 g Butter

Mango-Sesambutter

Die Butter mit dem Schneebesen schaumig rühren. Die Mangos schälen, das Fruchtfleisch vom Stein lösen, pürieren und mit dem Sesam unter die Butter rühren.

120 g Butter
3 reife Mangos
1 TL schwarze Sesamkörner

Aprikosenbutter

Die Aprikosen fein hacken und in eine Schüssel geben. Das Wasser auf den Siedepunkt bringen und über die Aprikosen gießen. 10 Minuten ziehen lassen und dann das Einweichwasser abgießen. Mit den restlichen Zutaten mischen, indem man die Masse wie in einem Mörser mit der Kelle leicht zusammendrückt. Mit wenig Salz würzen.

240 g getrocknete Aprikosen
150 ml Wasser
2 EL Himbeeressig
2 TL Sojasauce
1/2 TL Ingwerpulver
Salz

TRAMEZZINI MIT GETROCKNETEN TOMATEN, PARMASCHINKEN UND MOZZARELLA (REZEPT SIEHE SEITE 55)

Thunfischbutter

Die Butter mit dem Schneebesen schaumig rühren, das gut abgetropfte Thunfischfleisch beigeben und darunterrühren. Mit dem Salz und schwarzem Pfeffer pikant würzen.

120 g Butter
120 g Thunfisch
1/4 TL Salz
schwarzer Pfeffer aus der Mühle

Nußbutter

Die Baumnüsse in einer kleinen Pfanne rösten und erkalten lassen. Die Butter mit dem Schneebesen schaumig rühren und die Nüsse und das Salz beigeben. Nochmals gut verrühren.

120 g Butter
50 g Walnüsse (Baumnüsse), grob gehackt
1/2 TL Salz

Olivenbutter

Die Butter mit dem Schneebesen schaumig rühren. Die Oliven fein hacken und mit dem Salz zur Butter geben. Mit schwarzem Pfeffer würzen und gut verrühren.

150 g Butter
10 grüne Oliven, entsteint
10 schwarze Oliven, entsteint
½ TL Salz
schwarzer Pfeffer aus der Mühle

Erdnußbutter

Die Butter schaumig rühren und die restlichen Zutaten beigeben. Mit wenig Salz würzen.

150 g Erdnußbutter
40 g Baumnüsse, gemahlen
50 ml Sahne (Rahm)
1 TL Sojasauce
Salz

Tomatenbutter

Die Butter schaumig rühren. Tomatenpüree und Ketchup darunterrühren. Mit Salz und Pfeffer pikant würzen.

150 g Butter
40 g Tomatenketchup
1 TL Tomatenpüree
Salz, Pfeffer aus der Mühle

Pestobutter

Die Butter mit dem Schneebesen schaumig rühren. Den Pesto und das Salz beigeben und gut vermengen.

150 g Butter
4 EL Pesto (italienische Sauce mit Basilikum)
1/2 TL Salz

CLUBSANDWICH (REZEPT SIEHE SEITE 54)

Pommery-Senfbutter

Die Butter mit dem Schneebesen schaumig rühren. Den Senf und das Salz beigeben und nochmals kräftig durchrühren.

150 g Butter
3 EL Pommery-Senf/ Moutarde de Meaux
1/2 TL Salz

Meerrettichbutter

Die Butter mit dem Schneebesen schaumig rühren. Den Meerrettich und das Salz beigeben und nochmals gut durchrühren.

150 g Butter
4 TL Meerrettichpaste (frisch geriebener Meerrettich, eingelegt)
1/2 TL Salz

Kastanien-Wacholderbutter

Die Butter mit dem Schneebesen schaumig rühren, das Kastanienpüree daruntermengen und Salz, Wacholder und Gin beigeben. Nochmals gut verrühren. Mit dem Wacholderpulver sparsam umgehen, da es sehr geschmacksintensiv ist.

120 g Butter
120 g Kastanienpüree (Vermicelles)
1/8 TL Wacholderpulver
3 TL Gin
1/4 TL Salz

Süße Senfbutter

Die Butter mit dem Schneebesen schaumig rühren und den Senf und das Salz beigeben. Nochmals gut durchrühren.
Süßer Senf ist vor allem in der bayrischen Küche sehr beliebt.

6 EL süßer Senf
1/4 TL Salz
150 g Butter

Preiselbeerbutter

Die Butter mit dem Schneebesen schaumig rühren. Salz und Preiselbeermark langsam darunterrühren.

100 g Butter
120 g Preiselbeermark
1/4 TL Salz

Tomaten-Himbeerbutter

Die Butter mit dem Schneebesen schaumig rühren. Das Tomaten- und Himbeermark langsam darunterrühren und mit Salz und Pfeffer pikant würzen.
Die Buttermischung kann wegen des Wassergehalts des Himbeermarks „ausflocken", was jedoch den Geschmack nicht verändert.

120 g Butter
60 g Himbeermark
3 TL Tomatenmark
1/4 TL Salz
schwarzer Pfeffer aus der Mühle

SAUCISSON-SANDWICH MIT LAUCH (REZEPT SIEHE SEITE 55)

Pfefferbutter

Die Butter schaumig rühren und das Salz und den Cayennepfeffer beigeben. Die Chilischote fein hacken und unter die Buttermischung mengen.

150 g Butter
1 Chilischote
1/2 TL Cayennepfeffer
1/2 TL Salz

Zitronenbutter

Die Butter schaumig rühren. Die Schale der Zitrone fein abreiben und mit dem Salz unter die Butter mischen.

150 g Butter
2 Zitronen
1/2 TL Salz

Basilikumbutter

Die Butter in eine Schüssel geben und schaumig rühren. Das Basilikum fein hacken und zusammen mit dem Salz unter die Butter rühren.

150 g Butter
3 Bund Basilikum
1 TL Salz

Ratatouillebutter

Die Butter schaumig rühren und nach und nach das Ratatouillepüree und das Salz daruntertühren.

120 g Butter
100 g Ratatouille, püriert
1/2 TL Salz

Zwiebelaufstrich

Die Zwiebeln in der Butter glasig dünsten. Mit dem Mehl bestäuben und gut umrühren. Die Sahne dazugießen und auf kleinem Feuer 15-20 Minuten köcheln lassen. Mit dem Mixer fein pürieren, mit Salz und Pfeffer pikant würzen. Erkalten lassen.

300 g Zwiebeln
20 g Butter
100 ml Sahne (Rahm)
2 TL Mehl
Salz, schwarzer Pfeffer aus der Mühle

Schnittlauch-Frischkäse

Den Frischkäse zusammen mit der Milch glattrühren. Den Schnittlauch möglichst fein schneiden und mit dem Käse mischen.

250 g Frischkäse
(z. B. Philadelphia)
50 ml Milch
1 Bund Schnittlauch

Poularden-Tramezzini mit Pinien, Rosinen und Radicchio (Rezept siehe Seite 54)

Spicy Maissalat

Alle Zutaten gut vermengen. Mit Salz und Pfeffer pikant würzen.

200 g Maiskörner, aus der Dose
1 rote Zwiebel, fein gehackt
1/2 Knoblauchzehe, gepreßt
1 TL Ingwerpulver
1 TL Koriander, gehackt
1/2 TL Zitronengras, fein gehackt
1 Zitrone (Saft)
50 ml Olivenöl
Salz, Pfeffer aus der Mühle

Kabissalat mit Speck

Den Kabis in feinste Streifen schneiden und in eine Schüssel geben. Den Speck in feine Streifen schneiden und im eigenen Fett knusprig braten, zusammen mit dem Essig und Öl zum Kabis geben und gut vermengen. Mit Salz und Pfeffer pikant würzen.

300 g Kabis (Weißkohl)
80 g Frühstücksspeck in Scheiben
8 EL Sonnenblumenöl
3 EL Kräuteressig
Salz, Pfeffer aus der Mühle

Cole Slaw

Den Weißkohl in feinste Streifen und die Äpfel in kleine Würfel schneiden. Mit der Mayonnaise, dem Rahm und dem Essig gut mischen, mit Salz und Pfeffer pikant würzen.

500 g Weißkohl (Kabis)
2 EL Mayonnaise
50 ml Doppelrahm/Crème double
2 Äpfel
Salz, Pfeffer aus der Mühle
2 EL Weißweinessig

Lauchgemüse

Den Lauch in feinste Streifen schneiden und in der Butter andünsten. Das Mehl darüberstäuben und umrühren. Die Sahne dazugießen und auf kleinem Feuer zu einem dicken Lauchgemüse einkochen. Mit Salz und Pfeffer pikant würzen.

400 g Lauch
10 g Butter
2 TL Mehl
100 ml Sahne (Rahm)
Salz, schwarzer Pfeffer aus der Mühle

Tomates Concassées

Die Tomaten oben kreuzweise einschneiden, den Strunk entfernen und für 15 Sekunden in kochendes Wasser tauchen. Die Tomaten aus dem Wasser heben und kalt abschrecken. Die Tomaten schälen, halbieren, die Kerne entfernen und die Tomaten in Würfel schneiden.
Olivenöl erhitzen und die Tomatenwürfel darin andämpfen. Das Basilikum beigeben und mit Salz und Pfeffer pikant würzen.

5 Tomaten
4 EL Olivenöl
Salz, schwarzer Pfeffer aus der Mühle
½ Bund Basilikum, fein gehackt

Rindfleisch-Burger

Die Zwiebeln und den Knoblauch in der Butter andünsten. Mit dem Hackfleisch, dem Senf, dem Ketchup und dem Paniermehl gut vermengen und mit Chilipulver, Salz und Pfeffer pikant würzen. Kleine Burger formen und im Pflanzenöl auf beiden Seiten braten.

Für 4 Burger
500 g Rinderhackfleisch
2 Zwiebeln, fein gehackt
2 Knoblauchzehen, gepreßt
20 g Butter
3 EL Paniermehl
1 EL Senf
1 EL Tomatenketchup
Salz, Pfeffer aus der Mühle
½ TL Chilipulver

BRUSCHETTA-SANDWICH MIT AVOCADO, TOMATEN UND ARTISCHOCKEN (REZEPT SIEHE SEITE 52)

Rindfleischtatar

Eigelb, Gewürze, Ketchup und Senf mischen. Das Fleisch und die restlichen Zutaten beigeben und gut vermengen. Mit Salz, Pfeffer und Tabasco pikant würzen.

200 g Tatarfleisch, durch den Fleischwolf gedreht
1 Eigelb
1 EL Zwiebel, fein gehackt
2 TL Tomatenketchup
$^1/_2$ TL Senf
5 Kapern, gehackt
1 TL Cornichon, fein gehackt
Salz, Pfeffer aus der Mühle
einige Tropfen Tabasco
1 TL glatte Petersilie, fein gehackt
$^1/_2$ TL Sardellenfilets, fein gehackt

Schinkenmousse

Den Beinschinken in kleine Würfelchen schneiden und zusammen mit der Milch im Mixer fein pürieren. Den Sahnequark schaumig schlagen und die Schinkenmasse darunterrühren. Mit Salz und Pfeffer pikant würzen.

300 g Beinschinken
100 ml Milch
150 g Sahnequark
Salz, schwarzer Pfeffer aus der Mühle

Schnittlauch-Frischkäsemousse

Den Schnittlauch in feinste Streifen schneiden. Die Milch und den Frischkäse in eine Schüssel geben und schaumig rühren. Den Schnittlauch beigeben und gut vermengen.

200 g Frischkäse
z. B. Philadelphia
50 ml Milch
2 Bund Schnittlauch

Räucherlachsmousse

Den Räucherlachs in kleine Stücke schneiden und im Mixer zusammen mit der Milch fein pürieren. Die geschlagene Sahne darunterheben und mit wenig Salz würzen.

300 g Räucherlachs
100 ml Milch
80 ml Sahne (Rahm), geschlagen

Asiatisch marinierte Ente

Die Orangen- und Zitronenschalen dünn abschneiden und mit der Sojasauce, dem Knoblauch, dem Ingwer und Zitronengras mischen. Die Entenbrüste für 2 Tage in diese Marinade legen. Öfters wenden und am 3. Tag über Dampf weich garen.

150 ml Sojasauce
3 Knoblauchzehen, in Scheiben geschnitten
1 Orange
1 Zitrone
1 EL Ingwer, fein gehackt
1 EL Zitronengras, fein gehackt
2 Entenbrüste

HUMMER-SANDWICH (REZEPT SIEHE SEITE 51)

Karamelisierte Birnenschnitze

Die Birnen in kleine Schnitze schneiden. Den Zucker in einer kleinen Pfanne hellbraun karamelisieren. Die Birnen beigeben und gut darin wenden. Mit dem Wasser ablöschen und 1 Minute köcheln. Erkalten lassen.

2 Birnen
50 g Zucker
50 ml Wasser

Quark-Nußfüllung

Den Quark mit dem Schneebesen schaumig rühren.
Mit dem Zucker und den Nüssen gut mischen.

200 g Sahnequark
20 g Zucker
60 g Baumnüsse, gemahlen
60 g Haselnüsse, gemahlen
40 g Mandeln, gemahlen

Barbecue-Sauce

Die Zwiebeln schälen, fein hacken und mit den restlichen Zutaten gut vermengen. Mit Salz, Pfeffer und Tabasco-Sauce pikant würzen.

300 g Tomaten-Chili-Ketchup (Rezept siehe Seite 82)
2 rote Zwiebeln
2 Knoblauchzehen, gepreßt
3 El Rohzucker
2 TL Senf
½ TL Worcestershire-Sauce
Salz, schwarzer Pfeffer aus der Mühle,
2–3 Tropfen Tabasco-Sauce

Chili-Sauce

Das Tomatenketchup, die Zwiebeln und den Knoblauch gut vermengen. Mit Salz, Chili-Pulver und Tabasco pikant würzen.

150 g Tomaten-Ketchup
1½ TL Chili-Pulver
1 rote Zwiebeln, fein gehackt
1 Knoblauchzehe, gepreßt
¼ TL Tabasco-Sauce
½ TL Salz

Remouladen-Sauce

Das Ei schälen, mit der Gurke und den Kapern fein hacken, mit der Petersilie und der Mayonnaise mischen. Mit Salz und Pfeffer pikant würzen.

8 EL Mayonnaise
1 EL Kapern
1 Ei, hart gekocht
1 kleine Essiggurke
1 EL glatte Petersilie, gehackt
Salz, schwarzer Pfeffer aus der Mühle

Limonen-Pfefferminz-Sauce

Die abgeriebene Schale und den Saft der Limonen mit der Mayonnaise mischen. Die Pfefferminze in feine Streifen schneiden und mit dem Salz zur Mayonnaise geben. Gut mischen und mit wenig Pfeffer würzen.

12 EL Mayonnaise
1/2 Bund Pfefferminze
3 Limonen
1 TL Salz
weißer Pfeffer aus der Mühle

Sauerteig-Sandwich mit Räucherlachs (Rezept siehe Seite 51)

Apfel-Meerrettich-Sauce

Alle Zutaten mischen und gut verrühren.

200 g Apfelmus
50 ml Doppelrahm
(Crème double)
30 g Meerrettich, fein gerieben
1/2 TL Salz

Chili-Orangen-Mayonnaise

Die Schale der Orange fein abreiben, mit dem Saft und dem Chilipulver unter die Mayonnaise ziehen. Mit wenig Salz würzen.

5 EL Mayonnaise
1 Orange
1/2 TL Chilipulver
Salz

Tomaten-Chili-Ketchup

Die Schale der Orange fein abreiben und zusammen mit dem Salz und dem Chili-Pulver unter das Ketchup mengen.

150 g Tomaten-Ketchup
2 EL Chilipulver
1 Orange
1/2 TL Salz

Honig-Dill-Mayonnaise

Den flüssigen Honig mit Hilfe eines Schneebesens unter die Mayonnaise mengen und mit dem Dill, Salz und Pfeffer würzen.

8 EL Mayonnaise
3 EL Honig, flüssig
1 EL Dill, fein gehackt
Salz, weißer Pfeffer aus der Mühle

Zitronen-Mayonnaise

Die Schale der Zitrone fein abreiben, mit der Mayonnaise und dem Zitronensaft mischen. Mit Salz und wenig Pfeffer würzen.

8 EL Mayonnaise
2 Zitronen
1 TL Salz
weißer Pfeffer aus der Mühle

Sesam-Bananen-Chutney

Die Bananen schälen, klein schneiden und zusammen mit dem Saft der Limonen und der Kokosmilch pürieren. Das Püree mit den restlichen Zutaten in eine kleine Pfanne geben. Aufkochen und 5 Minuten köcheln. Erkalten lassen.

3 reife Bananen
1 EL Sojasauce
3 EL Rohzucker
2 Limonen
100 ml Kokosmilch
½ TL Ingwerpulver
1 TL dunkles Sesamöl

Zwetschgen-Chutney

Die Zwetschgen entsteinen und klein schneiden. Den Zucker hellbraun caramelisieren, die Zwetschgen beigeben und gut umrühren. Den Rotwein dazugießen und auf kleinem Feuer zu einem dickflüssigen Chutney einkochen. Mit Salz und Pfeffer pikant würzen.

500 g Zwetschgen
80 g Zucker
50 ml Rotwein
Salz, schwarzer Pfeffer aus der Mühle

VOLLKORN-SANDWICH MIT GURKE, AVOCADO UND TOMATE (REZEPT SIEHE SEITE 50)

Gurken-Chutney mit Ananas

Die Salatgurke längs halbieren, das Kerngehäuse entfernen und die Gurke in feine Streifen schneiden. Die Ananas „blättrig" schneiden. Die Zwiebel fein hacken und mit dem Knoblauch, der Ananas, Gurke, Ingwer und dem Essig gut mischen. Mit dem Chilipulver, Salz und Pfeffer würzen.

1 kleine Salatgurke
150 g frisches Ananasfleisch, ohne Strunk und Schale
1/2 Knoblauchzehe, gepreßt
1/2 TL Ingwerpulver
1/2 rote Zwiebel
2 EL Himbeeressig
1/4 TL Chilipulver
Salz, Pfeffer aus der Mühle

Ananas-Curry-Confit

Die Hälfte der Ananas im Mixer fein pürieren. Die andere Hälfte in kleine Würfelchen schneiden. Alle Zutaten mischen und gut verrühren.

400 g frisches Ananasfleisch (ohne Schale und Strunk)
2 EL Ingwerpulver
1 1/2 TL Currypulver
1/2 TL Salz

Ratatouille-Confit

Die Paprika halbieren, entkernen und in kleine Würfelchen schneiden. Die Zucchini und die Aubergine ebenfalls. Zwiebel, Knoblauch und das Gemüse im Olivenöl andünsten. Die Tomatensauce beigeben und auf kleinem Feuer 5 Minuten köcheln lassen. Die Kräuter beigeben und mit Salz und Pfeffer würzen.

1 grüne Paprika (Peperoni)
1 gelbe Paprika
1 rote Paprika
1 kleine Zucchetti
1/2 Knoblauchzehe, gepreßt
1 kleine Zwiebel, fein gehackt
1/2 Aubergine
3 EL Olivenöl
100 ml Tomatensauce
1/2 Bund Basilikum
1 TL Thymian, fein gehackt
1/2 TL Rosmarin, fein gehackt
Salz, Pfeffer aus der Mühle

Honig-Zwiebel-Confit

Die Zwiebeln schälen, in feine Streifen schneiden und im Olivenöl andünsten. Mit der Gemüsebouillon aufgießen und 5 Minuten dämpfen. Den Honig beigeben und mit Salz und Pfeffer würzen.

300 g Zwiebeln
2 EL Olivenöl
50 ml Gemüsebouillon
3 EL Honig
Salz, Pfeffer aus der Mühle

Gurken-Feta-Salat

Die Gurken längs halbieren, die Kerne auskratzen, die Gurken in feine Scheiben schneiden. Den Eisbergsalat in Streifen schneiden. Den Sellerie in kleinste Würfelchen, die Tomaten in Achtel schneiden. Mit den Kräutern, dem Olivenöl und dem Limonensaft mischen. Den Feta Käse ebenfalls in kleine Würfel schneiden und beigeben. Mit Salz und Pfeffer pikant würzen.

2 Salatgurken
1 Kopf Eisbergsalat
½ Staudensellerie
2 EL glatte Petersilie, fein gehackt
6 Blatt Pfefferminze, fein gehackt
3 Limonen, Saft
2 Tomaten
8 EL Olivenöl
Salz, schwarzer Pfeffer aus der Mühle
50 g Feta Käse

Ruccola-Salat mit Erbsen

Die Ruccolablätter waschen und in ca. 4 cm breite Streifen schneiden. Die restlichen Zutaten gut mischen und mit Salz und Pfeffer würzen. Den Ruccola zuletzt daruntermengen.

120 g Ruccola-Salat

Vinaigrette
100 ml Sonnenblumenöl
5 EL Weißweinessig
½ Knoblauchzehe, gepreßt
80 g grüne Erbsen, gekocht
80 g Kartoffeln, gekocht, in kleine Würfel geschnitten
Salz, schwarzer Pfeffer aus der Mühle

SANDWICH MIT HOBELKÄSE UND CAMEMBERT (REZEPT SIEHE SEITE 47)

Kresse-Salat mit Nuß-Vinaigrette

Den Apfel schälen, das Kerngehäuse entfernen und das Fruchtfleisch in kleine Würfelchen schneiden. Mit Essig und Öl mischen und mit Salz und Pfeffer würzen. Die Nußkerne grob hacken, in einer Pfanne rösten und zur Sauce geben, den Kressesalat damit beträufeln.

150 g Gartenkresse

Nuß-Vinaigrette
1 Zwiebel, fein gehackt
1 Apfel
10 EL Sonnenblumenöl
5 EL Weißweinessig
12 Walnüsse (Baumnüsse)
Salz, schwarzer Pfeffer aus der Mühle

Couscous-Salat

Den Couscous-Grieß unter fließend kaltem Wasser gut durchspülen, in ein Sieb geben und über Dampf aufquellen lassen, bis das Korn weich ist. Zitronensaft, Pfefferminze, Petersilie und Olivenöl beigeben.
Die Tomaten in Achtel, die Paprika in kleine Würfelchen, die Salatgurke in Scheiben schneiden. Alles zum Couscous geben und mit Salz und Pfeffer würzen.

100 g Couscous-Grieß
1 rote Paprika (Peperoni)
$^1/_4$ Salatgurke
2 Tomaten
2 EL glatte Petersilie, fein gehackt
1 Zitrone
4 Blätter Pfefferminze, fein gehackt
50 ml Olivenöl
Salz, schwarzer Pfeffer aus der Mühle

Caesars Salat

Für die Sauce die Sardellenfilets mit dem Salz fein hacken und mit dem Knoblauch, dem Eigelb, dem Senf schaumig rühren. Den Limonensaft und die Worcester-Sauce beigeben und mit Pfeffer würzen.
Den Salat waschen und in 1 cm breite Streifen schneiden. Die Toastbrotscheiben in kleine Würfelchen schneiden und mit dem Knoblauch im Olivenöl goldgelb backen. Auf einem Küchenkrepp-Papier abtropfen lassen. Den Parmesan fein hobeln.
Den Blattsalat auf die Teller anrichten, die Sauce darüberträufeln, die Brotwürfelchen und den Parmesan darüberstreuen.

200 g Lattichsalat

Salatsauce
2 Sardellenfilets
2 Knoblauchzehen, gepreßt
1/4 TL Salz
100 ml Olivenöl
1 Limone, Saft
1 TL Senf
1 Eigelb
1 TL Worcestershire-Sauce
Pfeffer aus der Mühle

30 g Parmesankäse am Stück
2 Scheiben Toastbrot
3 EL Olivenöl
1 Knoblauchzehe, gepreßt

Kartoffelsalat mit grünem Spargel

Die Kartoffeln in der Schale weichkochen. Erkalten lassen, schälen und in Scheiben schneiden. Die Spargeln schälen und in Salzwasser weich kochen, kalt abschrecken und in ca. 3–4 cm lange Stücke schneiden, mit dem Essig, dem Öl und der Petersilie zu den Kartoffeln geben und gut mischen. Mit Salz und Pfeffer würzen. Den Frisee-Salat in kleine Zweige zupfen und unter den Salat mengen.

800 g kleine, junge Kartoffeln
100 ml Sonnenblumenöl
40 ml Weißweinessig
1 EL glatte Petersilie, fein gehackt
300 g grüne Spargeln
1/2 Kopf Frisee-Salat
Salz, Pfeffer aus der Mühle

Pastasalat mit Oliven, Kräutern und Limonen

Die Rigatoni in Salzwasser „al dente“ kochen, kalt abschrecken und abtropfen lassen. Die Oliven fein hacken und mit den Kräutern und dem Olivenöl zu den Rigatoni geben. Den Staudensellerie in kleine Würfelchen schneiden, den Saft der Limonen zum Salat geben und mit Salz und Pfeffer würzen.

200 g Rigatoni
Salz
10 schwarze Oliven, entsteint
2 EL glatte Petersilie, fein gehackt
4 Blatt Basilikum, fein gehackt
50 ml Olivenöl
2 Limonen
8 grüne Oliven, entsteint
80 g Staudensellerie
Pfeffer aus der Mühle

BAGEL-SANDWICH MIT PASTRAMI UND COLE SLAW (REZEPT SIEHE SEITE 42)